Für Carrie Rodd

WASSERMANN

Im Einklang mit den Sternen leben

STELLA ANDROMEDA

ILLUSTRIERT VON EVI O. STUDIO

GROH

Einleitung 7

I.

Alles über den Wassermann

Die Eigenschaften des Wassermanns 31
Körper und Gesundheit 34
So kommuniziert der Wassermann 37
Berufe für den Wassermann 38
So tickt der Wassermann 41
Wer liebt wen? 44

II.

Die Welt des Wassermanns

So wohnt der Wassermann 55
Selbstfürsorge 57
Kochen und Essen 59
Wassermänner und das liebe Geld 61
Der Wassermann und seine Vorgesetzten 62
Wie lebt es sich mit dem Wassermann? 65
Wassermänner und Trennungen 66
So will der Wassermann geliebt werden 69
Wassermänner und Sexualität 72

III.

Mehr Astrowissen

Dein Geburtshoroskop 76
Der Mondeffekt 80
Die zehn Planeten 83
Die vier Elemente 89
Kardinale, fixe und veränderliche Zeichen 92
Die zwölf Häuser 95
Der Aszendent 101
Rückläufiger Saturn 103
Rückläufiger Merkur 104

Lesetipps 108
Danksagung 109
Über die Autorin 111

Einleitung

Der Giebel des antiken griechischen Apollontempels in Delphi trägt die Inschrift: „Erkenne dich selbst." Sie ist eine der 147 delphischen Maximen, nach denen man leben sollte. Von Gott Apollon selbst soll diese Aufforderung zur Selbsterkenntnis stammen, und später ergänzte sie der Philosoph Sokrates um den Satz: „Ein unerforschtes Leben ist nicht lebenswert."

Der Mensch versucht auf vielfältige Weise, sich selbst kennenzulernen und sein Leben oder die Herausforderungen seines Daseins zu meistern, oft mithilfe von Therapien oder organisierten Glaubenssystemen wie Religionen. Wir wollen auf diesem Weg vor allem die Beziehung zu uns selbst und zu anderen besser verstehen lernen und Mittel finden, die uns das ermöglichen.

Die Astrologie bietet durch ihre symbolische Verwendung der Himmelskonstellationen, also der Darstellung der Tierkreiszeichen, der Planeten und ihrer energetischen Auswirkungen einige Ansätze für das Verstehen der menschlichen Natur und der Erfahrung. Viele Menschen empfinden dieses Wissen und das Potenzial, das darin steckt, als hilfreich, um Denkanstöße für eine erfülltere Lebensweise zu gewinnen.

Was ist Astrologie?

Einfach ausgedrückt, ist Astrologie das Studium und die Deutung des Einflusses, den die Planeten aufgrund ihrer Positionen im Raum zu einem bestimmten Zeitpunkt auf uns Menschen und unsere Welt nehmen können. Die angewandte Astrologie beruht auf einer Kombination aus dem faktischen Wissen über die Besonderheiten dieser Positionen und ihrer psychologischen Interpretation.

Astrologie ist weniger ein Glaubenssystem als eine praktische Lebenshilfe, die uns alte, überlieferte Weisheiten an die Hand gibt. Jeder Mensch kann lernen, die Astrologie für sich zu nutzen – nicht so sehr zum Wahrsagen oder um die Zukunft zu deuten, sondern als Wegweiser zu größerer Einsicht und einer achtsameren Herangehensweise an das Leben. Der richtige Zeitpunkt ist das A und O in der Astrologie. Die Kenntnis der Planetenkonstellationen und ihrer Beziehung zu bestimmten Zeiten zueinander kann uns bei der Wahl des richtigen Moments für manche Lebensentscheidungen helfen.

Zu wissen, wann größere Veränderungen im Leben anstehen können – aufgrund von Planetenkonstellationen wie einem rückläufigen Saturn (siehe S. 103) oder rückläufigen Merkur (siehe S. 104) – oder was eine Venus im siebten Haus bedeutet (siehe S. 85 und 98) und wie das im Licht der spezifischen Eigenschaften des eigenen Sternzeichens zu berücksichtigen ist: Dies alles sind Werkzeuge, die du zu deinem Vorteil nutzen kannst. Wissen ist Macht und die Astrologie kann ihren Teil dazu beitragen, die Höhen und Tiefen des Lebens, aber auch unsere Beziehungen gut zu meistern.

Die zwölf Sternzeichen

Jedes Stern- oder Tierkreiszeichen hat typische Eigenschaften, die den Menschen gemeinsam sind, die in diesem Zeichen geboren wurden. Dieses Zeichen ist dein Sonnenzeichen, das du wahrscheinlich schon kennst – und der übliche Ausgangspunkt, von dem aus wir unseren astrologischen Weg erkunden. Die Eigenschaften des Sonnenzeichens können sich individuell sehr stark zeigen, doch stellen sie nur einen Teil des Ganzen dar.

Wie wir auf andere wirken, wird meist von weiteren Faktoren beeinflusst, die man ebenfalls berücksichtigen sollte. So sind das Zeichen deines Aszendenten und deine Mondstellung genauso wichtig wie dein Sonnenzeichen. Du kannst dir auch dein Gegenzeichen ansehen, um herauszufinden, was deinem Sonnenzeichen vielleicht dazu verhelfen könnte, mehr Balance zu erreichen.

Im ersten Teil dieses Buchs lernst du dein Sonnenzeichen kennen. Im zweiten Abschnitt bist du dazu eingeladen, noch tiefer einzutauchen (siehe S. 74–105) und die Einzelheiten deines Geburtshoroskops zu erforschen. Damit wirst du einen viel größeren Einblick in die zahlreichen astrologischen Einflüsse gewinnen, die sich in deinem Leben zeigen können.

Die Sonnenzeichen

Die Erde braucht 365 Tage (exakt sind es 365,25), um die Sonne zu umrunden. Dabei scheint die Sonne einen Monat lang durch jedes Tierkreiszeichen zu wandern. Dein Sonnenzeichen ist somit das Tierkreiszeichen, in dem die Sonne zum Zeitpunkt deiner Geburt stand. Wenn du dein Sonnenzeichen und die deiner Familie, Freund*innen und Partner*innen kennst, ermöglicht dir das einen guten Einblick in die Charakter- und Persönlichkeitsmerkmale, die du mithilfe der Astrologie entdecken kannst.

Im Übergang geboren

Für Menschen, die gegen Ende des einen oder zu Beginn des nächsten Sonnenzeichens geboren sind, lohnt es sich, ihre genaue Geburtszeit herauszufinden. Astrologisch gesehen gibt es eigentlich keinen Übergang zwischen den Zeichen, denn jedes davon beginnt zu einem festen Zeitpunkt an einem bestimmten Datum, auch wenn dieser von Jahr zu Jahr etwas variieren kann. Wenn du unsicher bist, was dein Sonnenzeichen ist, kannst du es über dein Geburtsdatum, deine Geburtszeit und deinen Geburtsort genau bestimmen. Mit diesen Daten kannst du einen Astrologen aufsuchen oder du lässt sie durch ein Online-Astrologieprogramm laufen (siehe S. 108), um ein möglichst genaues Geburtshoroskop zu erstellen.

Widder

Lat.: Aries

21. MÄRZ–20. APRIL

Astrologisch das erste Sternbild des Tierkreises, erscheint der Widder zur Frühjahrs-Tagundnachtgleiche. Kardinales Feuerzeichen; das Zeichen für Anfänge. Herrscherplanet ist Mars, der dafür steht, Herausforderungen dynamisch, energievoll und kreativ zu begegnen. Gegenzeichen: die luftige Waage.

Stier

Lat.: Taurus

21. APRIL–20. MAI

Fixes Erdzeichen. Geerdet, sinnlich und den körperlichen Freuden zugewandt, ist der Stier von seinem Herrscherplaneten Venus mit Anmut und einem Sinn fürs Schöne ausgestattet – trotz seiner bulligen Darstellung. Charakteristisch ist seine unbeschwerte, unkomplizierte, wenn auch manchmal sture Lebenseinstellung. Gegenzeichen: das Wasserzeichen Skorpion.

Zwillinge

Lat.: Gemini

★

21. MAI–21. JUNI

Veränderliches Luftzeichen. Zwillinge neigen dazu, beide Seiten eines
Problems zu sehen, wobei der Herrscherplanet Merkur ihren schnellen
Verstand beeinflusst. Zwillinge
scheuen sich häufig vor Verpflich-
tungen und versinnbildlichen auch
eine jugendliche Haltung. Gegenzeichen: der feurige Schütze.

Krebs

Lat.: Cancer

★

22. JUNI–22. JULI

Kardinales Wasserzeichen, dargestellt mit starken Scheren. Der Krebs
gilt als gefühlsbetont und intuitiv,
er schützt seine Empfindlichkeit mit
seiner Schale. Sie verkörpert auch
die Sicherheit des Krebs-Zuhauses,
dem dieses Zeichen verpflichtet ist.
Herrscherplanet ist der mütterliche
Mond. Gegenzeichen: das
Erdzeichen Steinbock.

Löwe

Lat.: Leo

23. JULI–23. AUGUST

Fixes Sonnenzeichen. Der Löwe liebt
es zu glänzen. Er ist im Herzen ein
Idealist, positiv und über die Maßen
großzügig. Löwen-Geborene können
vor Stolz brüllen und so zuversicht-
lich wie kompromisslos sein, mit
großem Glauben und Vertrauen
in die Menschheit. Herrscherplanet
ist die Sonne. Gegenzeichen:
der luftige Wassermann.

Jungfrau

Lat.: Virgo

24. AUGUST–23. SEPTEMBER

Veränderliches Erdzeichen.
Die Jungfrau gilt als aufmerksam,
detailorientiert und häufig selbst-
genügsam. Die Jungfrau schöpft
aus einem scharfen, nicht selten
selbstkritischen Intellekt und ist
oft sehr gesundheitsbewusst.
Herrscherplanet ist Merkur.
Gegenzeichen: das Wasser-
zeichen Fische.

Skorpion

Lat.: Scorpio

24. OKTOBER–22. NOVEMBER

Fixes Wasserzeichen. Entsprechend neigt der Skorpion zu intensiven Gefühlen. Sein Tierkreiszeichen verbindet ihn mit der Wiedergeburt nach dem Tod. Herrscherplaneten sind Pluto und Mars. Wegen seiner starken Spiritualität und tiefen Emotionen braucht der Skorpion Sicherheit, um seine Kraft leben zu können. Gegenzeichen: das Erdzeichen Stier.

Waage

Lat.: Libra

24. SEPTEMBER–23. OKTOBER

Kardinales Luftzeichen mit Herrscherplanet Venus. Hier dreht sich alles um Schönheit, Gleichgewicht (dargestellt durch die Waage) und Harmonie in einer eher romantischen, idealen Welt. Mit ihrem Sinn für Ästhetik können Waagen sowohl künstlerisch als auch handwerklich sein. Sie schätzen außerdem Fairness und sind oft sehr diplomatisch. Gegenzeichen: der feurige Widder.

Schütze

Lat.: Sagittarius

★

23. NOVEMBER–21. DEZEMBER

Veränderliches Feuerzei-
chen, bei dem sich geistig
wie körperlich alles um
Reisen und Abenteuer dreht.
Schützen haben eine direkte
Herangehensweise, sind
optimistisch und stecken
voller Ideen. Sie lieben es,
freien Lauf zu haben, neigen
aber zu Verallgemeinerun-
gen. Herrscherplanet ist der
gutwillige Jupiter. Gegenzeichen: die luftigen Zwillinge.

Steinbock

Lat.: Capricornus

22. DEZEMBER–20. JANUAR

Kardinales Erdzeichen mit Herrscherplanet Saturn. Der Steinbock
gilt als harter Arbeiter und wird von
der trittsicheren wie verspielten
Ziegenart dargestellt. Er ist vertrau-
enswürdig und scheut sich nicht
vor Verantwortung. Oft sind Steinböcke sehr genügsam und haben
die Disziplin für selbstständige
Berufe. Gegenzeichen: das
Wasserzeichen Krebs.

Wassermann

Lat.: Aquarius

✴

21. JANUAR–19. FEBRUAR

Trotz seiner Darstellung als Wassermann ein fixes Luftzeichen. Es wird
beherrscht vom unberechenbaren
Uranus, der alte Ideen mit inno-
vativem Denken vom Tisch kehrt.
Der Wassermann ist tolerant und
weltoffen. Ganz auf Menschlich-
keit bedacht, hat er soziale,
gewissensgeleitete Ideale.
Gegenzeichen: der feurige Löwe.

Fische

Lat.: Pisces

✴

20. FEBRUAR–20. MÄRZ

Veränderliches Wasserzeichen, das
stark auf seine Umgebung reagiert.
Dargestellt durch zwei Fische, die,
in entgegengesetzte Richtungen
schwimmend, manchmal Fantasie
und Realität verwechseln. Von
Neptun beherrscht, ist die Welt
der Fische fließend, fantasievoll
und empathisch. Fische nehmen
oft die Stimmungen anderer
auf. Gegenzeichen: das
Erdzeichen Jungfrau.

Alles über den

I.

Wasser-
mann

Das Zeichen, in dem die Sonne
zum Zeitpunkt deiner Geburt
stand, ist der ultimative
Ausgangspunkt, um deinen
Charakter und deine Persönlichkeit durch den Tierkreis
zu erforschen.

Fixes Luftzeichen, dargestellt durch den Wasserträger.

Mit dem von Uranus beherrschten Wassermann assoziiert man Unruhe und das Unerwartete, Innovation und Erfindung.

GEGENZEICHEN

Löwe

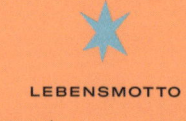

LEBENSMOTTO

„Ich weiß."

I.

Glücksfarbe

Blau, der Farbton des Himmels und der Luft über uns, aus denen Wasser (stellvertretend für das Leben) herunterreg- nen kann. Trage leuchtendes Blau, wenn du dich psychisch stärken willst und eine Portion Mut brauchst. Wenn du nicht in kräftigen Farben auffallen willst, kannst du Accessoires in dunkleren oder helleren Tönen wählen – Schuhe, Hand- schuhe, Socken, Hüte oder sogar Unterwäsche.

Glückstag

Mittwoch: Die Mitte der Arbeitswoche war früher mit der altgermanischen Gottheit Wodan oder Odin verbunden – „Wodanstag" *(Wôdnesdæg)*, was im englischen *Wednesday* noch erkennbar ist. Die Entsprechung in der römischen Götterwelt ist der luftige Merkur. Er wird für uns im französischen *mercredi* oder im italienischen *mercoledì* für Mittwoch deutlicher.

Glücksedelstein

Der violette Amethyst, Stein der Könige und Priester.
Seine reinigenden Eigenschaften unterstützen höheres
Denken und spirituelle Verbindung – beides Wassermann-
Eigenschaften. Sie fördern Heilung, Liebe und Treue und
strahlen Intuition und Klarsicht aus.

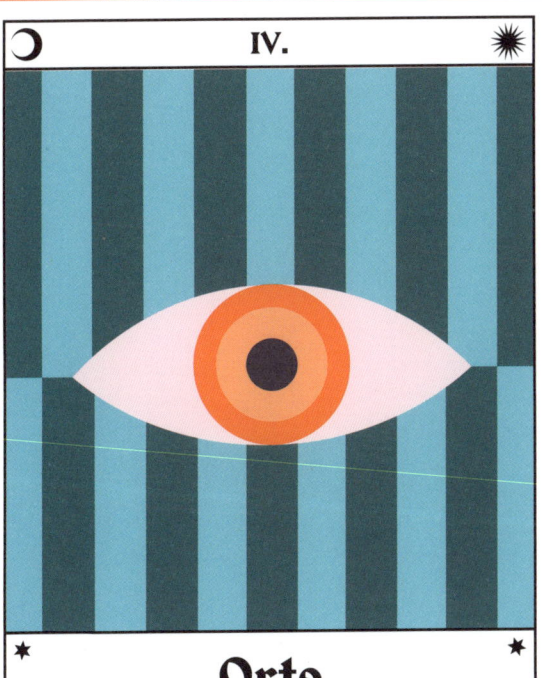

Orte

Zu den Ländern, die den Eigenschaften des Wassermanns entsprechen, gehören Sri Lanka, Finnland, Äthiopien und Russland. Die Städte Tallinn, Buenos Aires, Brighton, Salzburg und Stockholm stehen im Einklang mit seiner Energie für Innovation, Ideen und fortschrittliche Ansichten.

V.

Ferien

Mit seiner hohen Anpassungsfähigkeit und seinem unabhängigen Geist findet der Wassermann sein Reiseglück
fernab ausgetretener Pfade an neuen, interessanten Orten.
Innerlich jung und für Fernreisen aufgeschlossen, genießt er
weite Landschaften wie quirlige Städte. Rucksackreisen durch
Länder wie Indien liegen Wassermännern jeden Alters.

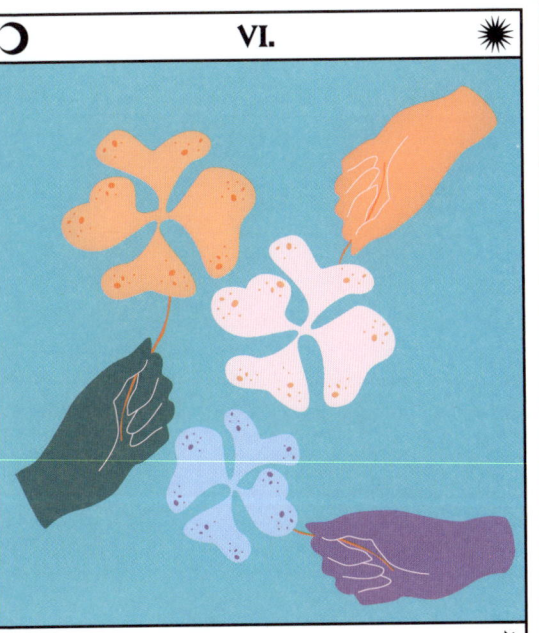

Blumen

Die exotische Orchidee, ein Wahrzeichen für Luxus und Raffinesse, steht im Einklang mit der Wassermann-Qualität spiritueller Verbindung, die es zwischen Menschen gibt. Ihre Blüten werden auch mit geistiger Stärke und männlicher Zeugungskraft assoziiert.

VII.

Bäume

Wie das Denken und der Innovationsgeist des Wassermanns
Früchte tragen, tun es auch die Bäume, die für ihr Wachsen
Wasser benötigen: Apfel, Birne, Kirsche, Mango und Orange.
Auch Obstbäume eignen sich für Innovationen und bringen
Hybridfrüchte wie Plumcots oder Tangelos hervor.

Haustiere

Wie von einem Luftzeichen zu erwarten, sind Vögel attraktive Haustiere für den Wassermann. Wegen ihrer Geselligkeit könnten ein oder zwei stahlblaue Unzertrennliche oder ein exotischer, sprechender Beo genau das Richtige sein.

IX.

Feste

Die geselligen Wassermänner lieben es zu feiern, besonders wenn man sich spontan und ungezwungen trifft. Für sie ist ein Fremder ein Freund, den man noch nicht getroffen hat. Und was böte dafür eine bessere Gelegenheit als ein Fest? Was Motto oder Location angeht, darf man beim Wassermann Ungewöhnliches erwarten. Cocktails mit Blue Curaçao – wie Blue Lagoon oder Blue Hawaii – lassen beim Wassermann Partystimmung aufkommen.

Die Eigenschaften
des Wassermanns

Unabhängig, aufmerksam, innovativ und tolerant sind Schlüsselbegriffe, die mit dem Wassermann assoziiert werden. Seine Ideen und sein Abenteuerreichtum lassen ihn nie langweilig werden. Wassermann-Geborene gelten auch als menschenfreundlich und haben keine Dünkel: Sie beschäftigen sich mit der Menschheit als Ganzes und damit, das Leben für alle zu verbessern, wobei sie eher praktisch als spirituell orientiert sind. Gedanken-, Ausdrucks- und Bewegungsfreiheit sind Wassermännern teuer. Sie treten vehement für die freie Rede ein, für Informationsfreiheit und für Menschenrechte. Die Freiheit, man selbst zu sein, ist das Herzstück der Wassermann-Philosophie. Er lässt sie für alle gelten – und verbreitet sie mit Liebe. Das erklärt wohl auch, warum der Wassermann wahrscheinlich den größten und mannigfaltigsten Freundeskreis pflegt und alle, wie es der Wasserträger darstellt, damit zufrieden sind, in „seinem Strom zu schwimmen".

Wassermänner begrüßen die Innovation neuer Technologien, das Internet und globale Kommunikation, mit all ihren Vor- und Nachteilen. Kommunikativ, wie sie sind, mit elsterhafter Neugier auf Ideen und Beziehungen, umgibt sie eine lässige Luftigkeit und eine überwältigende Freundlichkeit, die sie beliebt macht. Uranus verdanken sie eine Weitsicht, die sie auch das große Ganze gut erkennen lässt. Der Wassermann kümmert sich weniger um Details, löst aber Probleme auf interessante und unvorhersehbare Weise. Er ist der*die Freund*in mit den großen Ideen, aber weniger dazu geneigt, für deren Umsetzung zu sorgen. Reden ist eine Sache, den Worten Taten folgen zu lassen für Menschen, die den Kopf (fast buchstäblich) in den Wolken haben, eine andere. Daher ist es ein wichtiger Teil jedes Wassermann-Plans, für die Kleinarbeit das große Freundes- und Bekanntennetzwerk auszuschöpfen.

Die leichte emotionale Distanz, die für dieses Zeichen so typisch ist, kann manchmal als Unnahbarkeit gedeutet werden. Doch der Wassermann hat aufgrund der für ihn typischen Toleranz ein großes Talent für Freundschaften, wenn er auch manchmal Mühe mit größerer Intimität hat. Wenn sie jedoch näher rücken und sich bekennen, sind Wassermänner äußerst loyal und bieten ungewöhnlich bedingungslose Liebe und Unterstützung. Dass ihr Commitment ohne Bedingungen kommt, kann manchmal als Wunsch nach Freiheit fehlinterpretiert werden. Der Wassermann muss daher klarstellen, dass bedingungslos nicht gleichbedeutend mit unverbindlich ist. Der Wassermann tut gut daran, seinen Tiefgang und seine verbalen Fähigkeiten dafür zu nutzen, tiefere Gefühle mitzuteilen, da sie vielleicht nicht immer offensichtlich sind.

LUFT ZUFÄCHELN

Die charakteristischen Eigenschaften jedes Sonnenzeichens lassen
sich durch die Qualitäten anderer
Zeichen im gleichen Geburtshoroskop ausgleichen (oder manchmal
verstärken), insbesondere durch
die seines Aszendenten und des
Mondes. Wenn also jemand seinem
Sonnenzeichen nicht zu entsprechen scheint, ist das der Grund.
Allerdings werden die ursprüng-
lichen Wassermann-Aspekte immer
als wichtiger Einfluss vorhanden
sein und die Lebenseinstellung
von Wassermann-Geborenen
beeinflussen.

Körper und Gesundheit

Wassermänner sind meist stark, gesund und aktiv und blicken wissbegierig und mit einer interessanten Sichtweise auf die Welt um sie herum. Häufig sind sie mehr geistig als körperlich aktiv, da Wassermänner, obwohl extrovertiert, nichts lieber tun, als dazusitzen und sich zu unterhalten. Was ihnen aufgrund dieses eher sitzenden Lebensstils oft ein paar Extrapfunde beschert. Meist aber glänzen Wassermänner mit einer jugendlichen, scheinbar leichtfüßigen Erscheinung, da ihre ganze Lebenshaltung nach vorn orientiert ist. Ihre Bewegungen sind meist fließend und energetisch, als ob sie immer auf dem Sprung ins nächste Abenteuer wären.

Gesundheit

Das Zeichen des Wassermanns symbolisiert auch das Kreislaufsystem des Körpers, unser Blut und das Lymphsystem sowie die Unterschenkel von den Knien bis zu den Sprunggelenken. Da Wassermänner den Kopf meist in den Wolken haben, kümmern sie sich erst in dem Moment um ihren Körper, wenn etwas schiefläuft. Und selbst dann neigen sie dazu, es eher nicht zu beachten. Und obwohl sie generell eine gute Gesundheit haben, werden sie, wenn es sie trifft, häufig schnell und unerwartet krank. Genauso schnell erholen sie sich jedoch wieder, wie es der Natur derer entspricht, die vom unberechenbaren Uranus beherrscht werden. Ihre geistige Stärke lässt sie glauben, körperliche Gesundheitsprobleme schnell zu überwinden, was sie meist auch schaffen.

Sport und Bewegung

Eine gut trainierte, aktive Beinmuskulatur trägt zur Unterstützung von Knien und Sprunggelenken bei und verbessert die Durchblutung der Beine (was Problemen wie Krampfadern entgegenwirkt). Der Wassermann trainiert relativ gern im Studio, da er das, was ihn am meisten interessiert, im Kopf trägt und dort gut durchdenken kann.

So kommuniziert der Wassermann

Kommunikation ist Wassermännern so wichtig wie die Luft, die sie atmen, und sie sind immer glücklich, wenn sie ihre Ideen mit anderen teilen können. Meist denken sie, bevor sie sprechen, und können sich sehr gut ausdrücken. Sie nehmen sich die Zeit, richtig zu argumentieren und ihre Gedanken präzise zu vermitteln. Der Wassermann hat die Fähigkeit, in seiner Meinung recht objektiv zu bleiben, und er hat oft viel Überlegung in sie investiert.

Obwohl er nicht besonders wertend ist, scheint er sich seiner Ideen oft sehr sicher und dabei bisweilen sogar dogmatisch zu sein. Bei Streitgesprächen geht es für ihn mehr um geistiges Training und die Freude am Wortwechsel als um persönliche Angriffe, was ihn jedoch ziemlich kompromisslos wirken lassen kann. Meistens sind Wassermänner jedoch zu unbeschwert und rücksichtsvoll, um dies eskalieren zu lassen. Sie sind bereit, sich zum Wohle des Ganzen zu einigen, denn das ist es, worum es dem Wassermann geht.

Berufe für den Wassermann

Wie man sich denken kann, fühlt sich jemand mit sozialem Gewissen und einem Interesse an der Menschheit wie der Wassermann zu Berufen hingezogen, die ihn in den Dienst anderer Menschen stellen. Der Wassermann arbeitet gern im Lehr-, Sozial- und Wohltätigkeitsbereich, für Menschenrechte und Umwelttechnik. Er geht meist seinen eigenen Weg in Bereichen, in denen er sich für den positiven Wandel für alle einsetzen kann. Selbst wenn er nicht offensichtlich für eine humanitäre Sache arbeitet, bringt er ein Element davon in jeden Beruf ein.

Der Wassermann ist kein Sonnenzeichen, das sich vor allem von Geld motivieren lässt, obwohl sich seine exzellente Arbeitsmoral auch gut auszahlen kann. Innovative Technologien könnten für ihn interessant sein – wer entwickelt die weltweit kostenlose Tsunami-Warn-App? Die Person hätte sicherlich starke Wassermann-Tendenzen im Geburtshoroskop, selbst wenn Wassermann nicht ihr Sonnenzeichen ist. In vielerlei Hinsicht kann der Wassermann als „Rebell für eine gute Sache" bezeichnet werden, denn wenn es darum geht, einen Beitrag für die Gesellschaft zu leisten, wird er das, egal in welchem Beruf, auf seine Weise tun.

So tickt der Wassermann

Von Liebhaber*innen bis zu Freund*innen: Wie kommt der Wassermann mit anderen Sternzeichen zurecht? Das Wissen um andere Zeichen und deren Zusammenspiel kann in der Beziehungsarbeit hilfreich sein, indem es Eigenschaften der Sonnenzeichen offenbart, die miteinander harmonieren oder sich reiben können. Dies durch die astrologische Lupe zu sehen, entpersonalisiert oft potenzielle Reibungspunkte und kann dem, was scheinbar kontrovers läuft, den Stachel nehmen.

Harmonierende Beziehungen scheinen für den Wassermann manchmal ein Problem zu sein, aber mit wem er wie harmoniert, hängt zum Teil von den anderen planetarischen Einflüssen ab, die in seinem Geburtshoroskop mitspielen und Aspekte seiner Sonne abschwächen oder verstärken – insbesondere solche, die kollidieren können.

Die Wasser- mann-Frau

Unabhängig, freundlich und extrovertiert, zeigt die Wasser- mann-Frau starke romanti- sche Züge. Sie ist aber auch ausgesprochen misstrauisch gegenüber Versuchen, sie festzunageln, was ihr den Ruf eines kühlen Temperaments einbringt. Wassermann-Frau- en haben zahlreiche Interessen und Freund*innen. Nimm ihr jedoch die Freiheit – der Gedanken, Ideen oder des Aus- drucks – und sie ist weg, was dich nicht überraschen darf.

BERÜHMTE WASSERMANN-FRAUEN

Virginia Woolf veränderte als Schriftstellerin der Moderne die Literatur; Jahre später erreichten die Feministinnen Germaine Greer und Toni Morrison Ähnliches. Die kolumbianische, erfolgreiche Sängerin Shakira fördert wohltätige Zwecke, Oprah Winfrey ist als Philanthropin bekannt. Ellen DeGeneres und Jennifer Aniston sind ebenfalls zwei in höchstem Maße selbstständige, erfolgreiche Frauen, jede auf ihre Weise.

Der Wasser-mann-Mann

Diesem intellektuellen, geistreichen Mann sind Körper und Geist gleich wichtig. Übermäßige und zu emotionale Forderungen lassen ihn jedoch kalt. Er ist wegen seiner entspannten, meist unbeschwerten und freundlichen Lebenseinstellung beliebt, gehört aber auch zu den Zeichen, die öfters heiraten, da er sich nicht selten scheiden lässt und weiterzieht, wenn er sich gefangen fühlt.

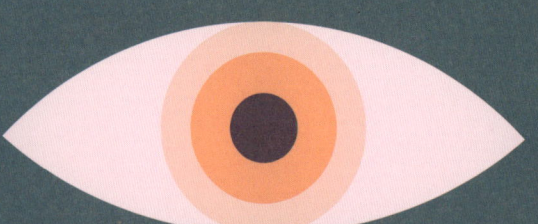

Wer lieb

wen?

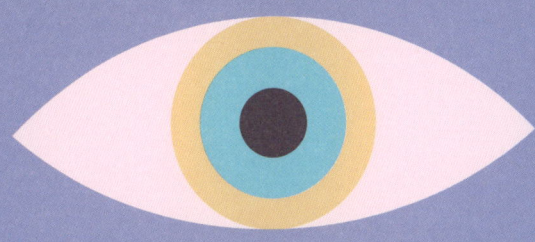

Wassermann & Widder

Sie teilen Unabhängigkeit und Spontaneität, was sie in vielerlei Hinsicht verbindet, da sie oft viele Dinge gemeinsam genießen können. Allerdings ist die feurige Dominanz des Widders manchmal etwas zu erdrückend für das Freiheitsbedürfnis des Wassermanns.

Wassermann & Stier

Der erdverbundene, häusliche Stier empfindet die luftige Unabhängigkeit des Wassermanns meist als schwierig, da sie seine besitzergreifende Seite befeuert. Dies lässt bei beiden Ängste wachsen. Auch die große Menschenfreundlichkeit des Wasserträgers führt zu Differenzen.

Wassermann & Zwillinge

Diese Luftzeichen passen in Temperament und Ideen gut zusammen. Beide leben sehr gern in Harmonie und tolerieren das gegenseitige Freiheitsbedürfnis. Konversation ist ein großer Teil ihrer Beziehung und sie können über ziemlich alles reden.

Wassermann & Krebs

Die Sicherheit des Krebses wurzelt in Häuslichkeit, während der Wassermann sein Zuhause kaum wahrnimmt – so sehr ruft ihn das nächste Abenteuer. Dieses Ungleichgewicht ist die Ursache für alle Schwierigkeiten zwischen den beiden: keine leichte Verbindung also.

Wassermann & Löwe

Hoch motiviert und abenteuerlustig streben beide Zeichen nach Freiheit, doch eventuell unterschiedlich: Der Löwe wünscht Luxus und Zuhörer, während der Wassermann einen ebenbürtigen Begleiter braucht, der auch mal spartanisch reist. Diese Aspekte können aneinandergeraten.

Wassermann & Jungfrau

Beiden ist bewusst, dass sie geistige wie körperliche Beschäftigung brauchen, doch meist mit unterschiedlichen Zielen: Der Wassermann strebt nach brillant innovativen Ideen, die Jungfrau eher nach praktischen. Dies verhindert häufig jede intellektuelle Kompatibilität.

Wassermann & Skorpion

Die Anziehung zwischen beiden ist groß, doch können sich die Unberechenbarkeit und der Freiheitswunsch des Wassermanns stark mit den intensiven Bedürfnissen und der starken Leidenschaft des Skorpions reiben, weil sie ihm zu viel sind. Die beiden Zeichen müssen sehr achtsam miteinander umgehen.

Wassermann & Waage

Dieses Paar weiß wirklich, wie man sich gegenseitig genießt, und entfacht mit Leichtigkeit die Lust im anderen. Die diplomatische Waage hat zwar kein Problem mit der dickköpfigen Seite des Wassermanns, doch kann es passieren, dass sie nie zu einer stabilen Beziehung finden, die über das Flirten hinausgeht.

Wassermann & Schütze

Zwischen diesen beiden aufgeschlossenen, unabhängigen Seelen herrscht unbeschwerte Harmonie. Keiner ist sehr eifersüchtig, beide sind erfinderisch und aufregend genug, dass es dem anderen im Bett nicht langweilig wird. Hier treffen sie sich auch immer wieder gern, wenn sie sich länger nicht sehen.

Wassermann
& Wassermann

Mit ihrem gemeinsamen Interesse für
das Neue und Ungewöhnliche geht es
den beiden so gut miteinander, dass
sie nichts als glücklich sein könnten. Es
mag nur sein, dass sie nicht genug Zeit
miteinander verbringen, um eine langfristige Beziehung zu festigen.

Wassermann
& Fische

Der träumerische, spirituelle Aspekt
der Fische könnte mehr Verankerung
in der realen Welt benötigen, als sie
der Wassermann geben kann – trotz
der echten Anziehung zwischen
den beiden. Ohne gegenseitige Kom-
promisse könnte das eine länger
dauernde Beziehung erschweren.

Wassermann
& Steinbock

Den vorsichtigen Steinbock könnte
des Wassermanns luftige Ignoranz
gegenüber den praktischeren
Lebensaspekten reizen, was zu Streit
führen kann. Dazu ist der sexuelle
Funke zwischen beiden wahrscheinlich zu schwach, um die Langeweile
des Wassermanns über den Anfang
hinaus zu kompensieren.

Love-o-meter für den Wassermann

Am wenigsten kompatibel:

Steinbock   Krebs   Jungfrau   Löwe   Stier   Fische

Perfekter Treffer:

Waage

Skorpion

Widder

Schütze

Zwillinge

Wassermann

Die Welt des II.

Wasser-
manns

Dieser Abschnitt führt dich
tiefer in die Welt deines Sonnenzeichens. Du erfährst, wie
es dich antreiben oder zurück-
halten kann, und du kannst
anfangen, darüber nachzu-
denken, wie du dieses Wissen
für dich nutzen möchtest.

So wohnt der Wassermann

Das Zuhause des Wassermanns spiegelt meist die Vorliebe für das Moderne und Futuristische wider. Angesagte Materialien, glänzende Oberflächen, ein minimalistischer Stil: ein Heim, das wahrscheinlich Interessantes und Innovatives präsentiert, licht- und luftdurchflutet ist und frei von Schnickschnack. Antiquitäten wird man hier weniger finden, da sie für das Alte stehen. Zudem ist der Wassermann bezüglich Familienerbstücken nicht sehr sentimental.

Das Heim des Luftzeichens Wassermann vermittelt wahrscheinlich ein Gefühl der Fluidität, mit Blautönen bei Dekor und Möbeln oder mit Bildern mit Himmel oder Meereslandschaften. Möglicherweise gibt es hier auch eine Wasserinstallation oder ein Aquarium mit munteren Fischen. Der Wassermann hat selten ein Zuhause, das seine Freunde gemütlich finden. Er entscheidet sich eher für behandelte Holz- oder Hochglanzböden und Ledermöbel mit Stahlrahmen als für dicke Teppiche und Plüschsofas. Sozial eingestellt, wie er ist, hat der Wassermann jedoch immer ausreichend Platz für Gäste, und Unterhaltungen dauern oft bis spät in die Nacht. In vielerlei Hinsicht geht es weniger um die Ausstattung als um die Menschen, die sich hier aufhalten – denn das ist es, was er am meisten genießt.

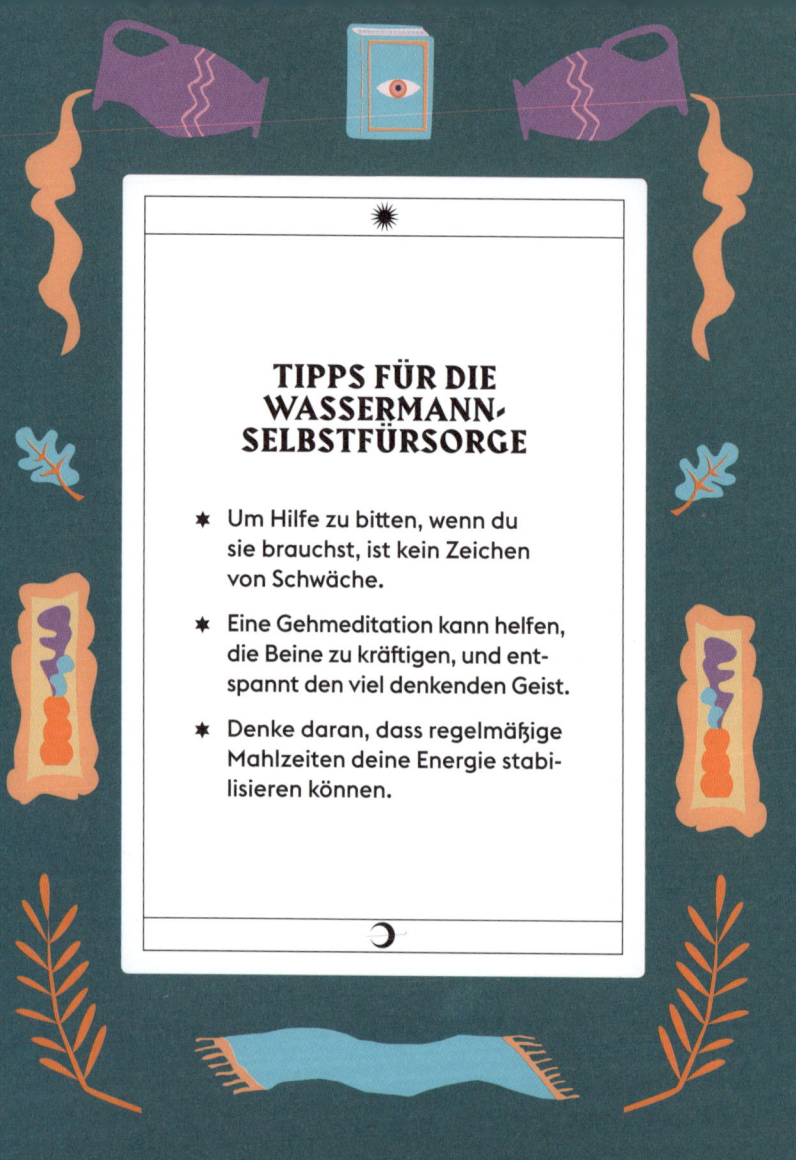

TIPPS FÜR DIE WASSERMANN-SELBSTFÜRSORGE

* Um Hilfe zu bitten, wenn du sie brauchst, ist kein Zeichen von Schwäche.

* Eine Gehmeditation kann helfen, die Beine zu kräftigen, und entspannt den viel denkenden Geist.

* Denke daran, dass regelmäßige Mahlzeiten deine Energie stabilisieren können.

Selbstfürsorge

Es überrascht nicht, dass ein unabhängiger Geist wie der Wassermann selbst für sich Sorge tragen will, ohne viel Input von anderen. Er ist eines der Zeichen, die am wenigsten zur Hypochondrie neigen. Selten sorgt er sich wegen seiner Gesundheit; kleinere Gebrechen werden häufig ignoriert. Das ist oft gut so, doch wenn Leiden nicht von selbst vergehen, brauchen Wassermänner oft lang, bis sie um Hilfe bitten. Manchmal verschlimmern sich die Dinge dadurch mehr als nötig, bevor schießlich Heilung eintritt. Der Wassermann ist es, der auf Krücken vom Skifahren zurückkehrt und den ärztlichen Rat in den Wind schlägt, sobald der Gips entfernt ist. Der Schlüssel für ihn ist es, etwas bewusster mit sich umzugehen, damit Probleme nicht eskalieren.

Tatsächlich brauchen Wassermänner bisweilen andere Menschen, und wenn sie diesen menschlichen Zug akzeptieren und wertschätzen, wird sich auch ihre Selbstfürsorge verbessern. Wassermänner erkennen zwar an, dass „kein Mensch eine Insel ist, sondern ein Stück des Kontinents", wie es der Wassermann-Dichter John Donne ausdrückt, doch setzen sie das nicht immer für sich selbst um. Wenn sie dieses humanitäre Ideal akzeptieren, wird es für sie einfacher, sich um sich selbst zu kümmern und dennoch ihre geliebte Unabhängigkeit zu bewahren.

DIE WASSERMANN-SPEISEKAMMER

* Die ganze Palette getrockneter Kräuter und Gewürze.

* Ein Grundvorrat an Kichererbsen, Tomaten und Thunfisch in Dosen, für alle Fälle.

* Luxusdinge wie schwarze Trüffel, vielseitiger Grünkern und Artischockenherzen.

Kochen
und
Essen

Wassermann-Mahlzeiten sind gern ein wenig überraschend. Immer zu spontanen, kurzfristigen Aktionen bereit, kannst du vom abenteuerlustigen Wassermann nicht erwarten, dass er sich über so etwas Profanes wie Essen lang Gedanken macht, wenn er gerade den Planeten rettet – was auf den Tisch kommt, ist häufig Glückssache. Wenn er aus den Dingen im Kühlschrank eine schnelle Mahlzeit zaubert, könnten unerwartete und überraschende Genüsse dabei herauskommen. Und wenn Pasta fehlt, kann es passieren, dass er sie durch den vorhandenen Reis ersetzt, was durchaus interessant sein kann. Wassermann-Mahlzeiten sind oft ganz neuartige Erfahrungen.

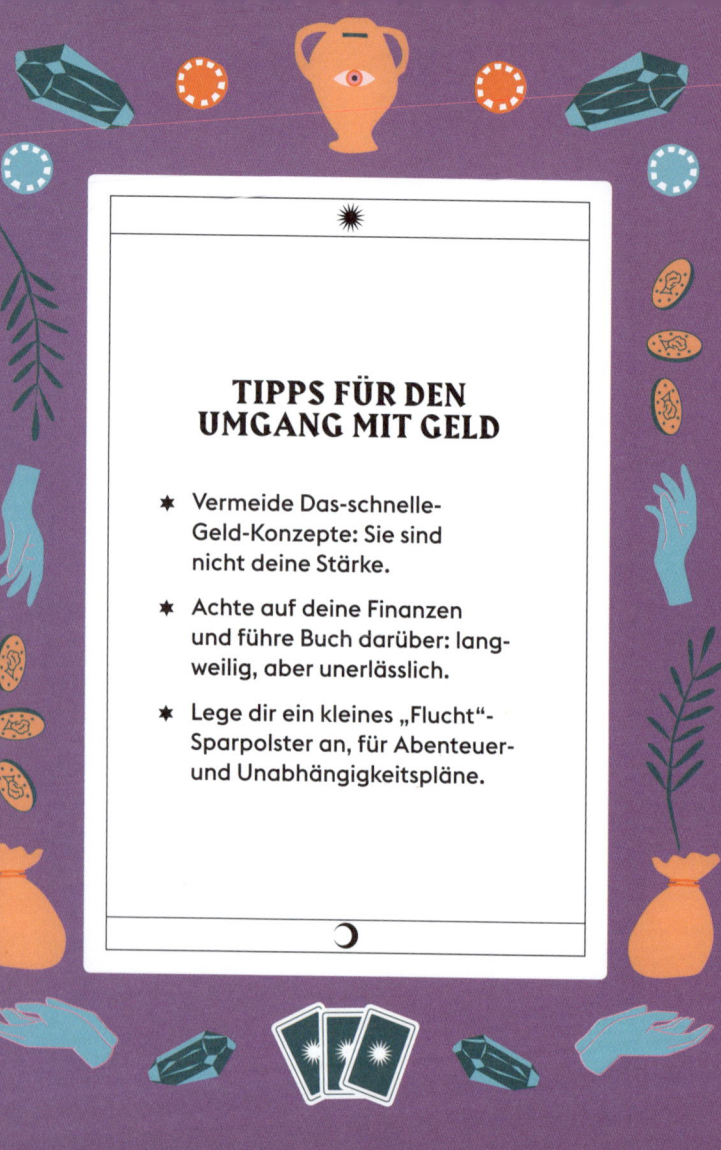

TIPPS FÜR DEN UMGANG MIT GELD

* Vermeide Das-schnelle-Geld-Konzepte: Sie sind nicht deine Stärke.

* Achte auf deine Finanzen und führe Buch darüber: langweilig, aber unerlässlich.

* Lege dir ein kleines „Flucht"-Sparpolster an, für Abenteuer- und Unabhängigkeitspläne.

Wassermänner und das liebe Geld

Angesichts dessen, dass sie möglicherweise eines der am wenigsten auf Geld fixierten Sternzeichen sind, sind Wassermänner häufig überraschend erfolgreich. Sie mögen Geld als Mittel zum Zweck, das ihnen die Vorteile finanzieller Unabhängigkeit bringt. Die Wassermann-Kombination aus guter Menschenführung und Innovation bedeutet oft, dass ihre Unternehmungen fast nebenbei und nicht vordergründig Vermögen schaffen. Wassermänner lassen Geld auf interessante Weise für sich arbeiten und investieren eher in verrückte, gut durchdachte Anlagen, als Bares unter die sprichwörtliche Matratze zu stecken. MSN (Microsoft Network) wertete die Reichenliste von Forbes aus und setzte den Wassermann auf Platz 2 (nach dem Löwen) in der Liste der 100 reichsten Menschen der Welt. Wassermänner haben selten finanzielle Probleme, da Geld für sie eine Ware wie viele andere ist, an die sie sich nicht emotional binden. Das macht sie in Gelddingen frei und begründet wahrscheinlich ihren Erfolg damit. Der Wassermann gibt gern zurück und ist auch im Wohltätigkeitsbereich oft großzügig.

Der Wassermann und seine Vorgesetzten

Jemandem unterstellt zu sein, kann für unabhängige Typen wie den Wassermann manchmal schwierig sein. Auch Teamarbeit kann ihn mehr Nachdenken und Entgegenkommen kosten, als es für ihn natürlich wäre. Da sich Wassermänner gern für das große Ganze engagieren, fällt es ihnen jedoch oft leichter, das zu tun, was der*die Chef*in verlangt, wenn sie sehen, dass es sich lohnt, für das Wohl des gesamten Unternehmens zu arbeiten.

Wassermänner schätzt man für ihre ungewöhnlichen, häufig innovativen Problemlösungen, was Vorgesetzte oft dazu veranlasst, sie genau deswegen auszuwählen und ihnen entsprechende Arbeiten zuzuweisen. Meist können sie dabei auch selbstständiger arbeiten, solange die Rahmenbedingungen beidseitig akzeptiert sind. Kommunikation, die Stärke des Wassermanns, dient hier als ein wichtiges Werkzeug und wird besonders geschätzt, wenn sie Dinge voranbringt.

Der Wassermann kann zwar hart arbeiten und leistet für Topergebnisse auch gern Überstunden, aber nur wenn er überzeugt ist, dass es sich lohnt und er zu einem zukünftigen Fortschritt beiträgt.

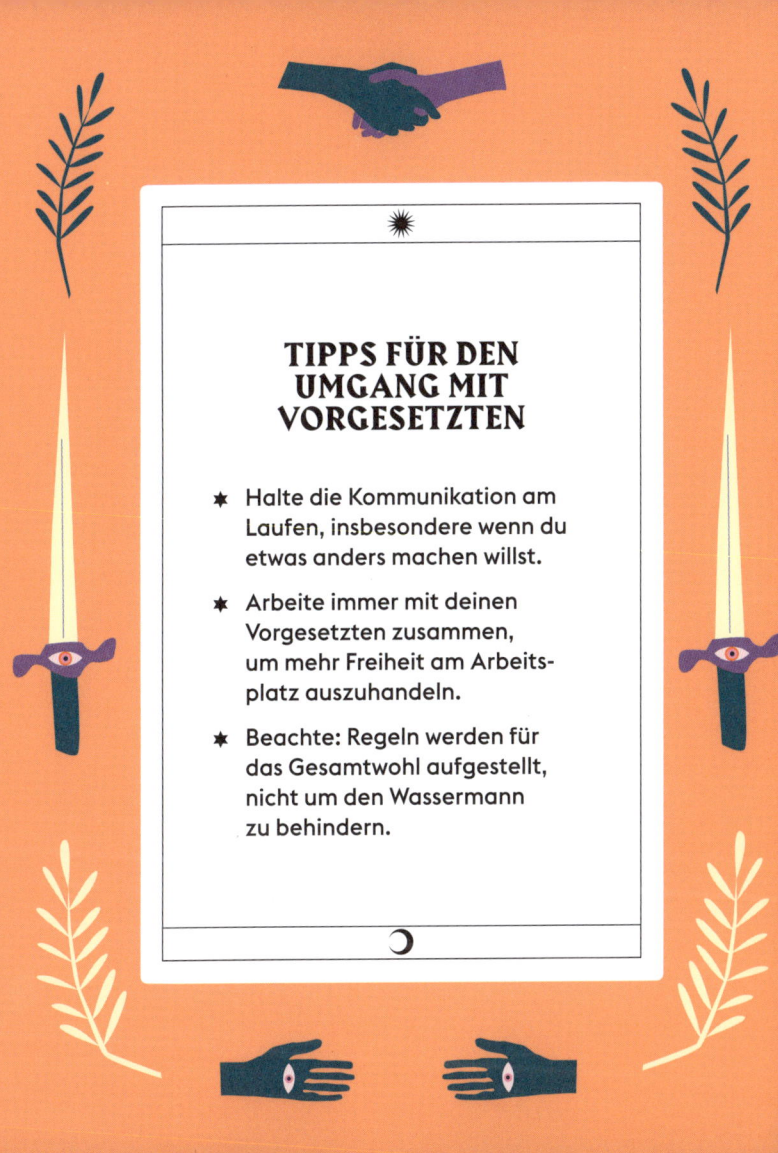

TIPPS FÜR DEN UMGANG MIT VORGESETZTEN

* Halte die Kommunikation am Laufen, insbesondere wenn du etwas anders machen willst.

* Arbeite immer mit deinen Vorgesetzten zusammen, um mehr Freiheit am Arbeitsplatz auszuhandeln.

* Beachte: Regeln werden für das Gesamtwohl aufgestellt, nicht um den Wassermann zu behindern.

TIPPS FÜR EIN LEICHTERES LEBEN

* Wenn du den Planeten mit Recycling retten willst, sollte dein System für jeden einfach nutzbar sein.

* Führe einen gemeinsamen Kalender für die gesellschaft-lichen Termine.

* Denke daran, dass jeder – auch du – das Bad putzen musst.

Wie lebt es sich mit dem Wassermann?

„Leben und leben lassen" könnte ein Wassermann-Motto sein, denn das entspricht seiner Grundeinstellung, wenn es um das Zusammenleben geht. Das Gleiche erwartet er auch von seinen Mitbewohner*innen, egal ob sie Partner*innen oder Freund*innen sind. Das kann zu Reibungen führen, wenn nicht alle auf derselben Wellenlänge liegen.

Wassermänner sind oft unterwegs, entweder weil sie lang arbeiten oder zum Vergnügen in ferne Länder reisen. Sie sind es daher gewohnt, sich allein durchzuschlagen und sich mit den verschiedensten Leuten zu arrangieren. Das Gute daran ist, dass sie meist sehr tolerant und diskussionsbereit sind: Haushaltsprobleme werden unkompliziert erörtert und gelöst. Wenn er da ist, zeigt sich der Wassermann gern gesellig. Er verbringt Stunden am Küchentisch, redet mit dem*der Partner*in über Gott und die Welt oder lädt einen kunterbunten Haufen ein, um dasselbe zu tun.

Hausarbeit kann man im Sturm oder mit Methode angehen: Wassermänner sind zu unberechenbar, um sich festzulegen. Die meisten brauchen hin und wieder eine Erinnerung, erledigen ihre Aufgaben aber, da sie im Grunde einen gewisse Ordnung und Organisation schätzen.

Wassermänner und Trennungen

Der Wassermann liebt keine emotionalen Extreme, wie sie bei Trennungen oft vorkommen – weder bei sich noch bei dem*der Expartner*in. Oft hält er eine Beziehung noch lange aufrecht, nachdem sie eigentlich vorbei ist (oder wartet, bis der*die Partner*in Schluss macht), um potenziellen Liebeskummer zu vermeiden. Seine Reaktion ist nicht vorhersagbar, doch aufgrund seiner Menschenfreundlichkeit verletzt er andere niemals gern. Dazu reuen ihn die Zeit und die emotionale Energie, die das Herz braucht, um zu heilen. Das erklärt auch, warum der Wassermann sich oft nur schwer bindet und lieber noch lange Zeit nur befreundet bleibt, bevor er überhaupt seine Liebe gesteht. Was er erwartet, ist, dass man nach der Trennung befreundet bleibt, sobald sich die Wogen geglättet haben. Für eine*n Expartner*in ist das nicht immer leicht auszuhalten, egal wer den Schlussstrich gezogen hat.

TIPPS FÜR EINE LEICHTERE TRENNUNG

✴ Ignoriere die Warnzeichen nicht und sprich Probleme lieber heute als morgen an.

✴ Akzeptiere, dass du es nicht allen immer recht machen kannst, und ziehe weiter.

✴ Sprich mit einem vertrauenswürdigen Menschen und nimm dir Zeit, um dich zu erholen.

So will der Wassermann geliebt werden

Die einfachste Zusammenfassung ist hier vielleicht: aus der Ferne. Wassermann-Gefühle haben einen kühlen, zurückhaltenden Aspekt, der Wassermänner ziemlich distanziert wirken lassen kann. Das macht es für Menschen, die den Wassermann lieben, oft schwer herauszufinden, wie sie ihm näherkommen können. Überaufmerksamkeit führt bei vielen Wassermann-Geborenen zu Raumangst und ihre Abneigung dagegen kann missinterpretiert werden. Wer einen Wassermann lieben will, muss daher dessen Freiheitsdrang akzeptieren. Ihn als beziehungsängstlich abzustempeln, trifft es nicht unbedingt: Sein Verhalten kann zwar oft so wirken, doch könnte es ein Fehler sein, dies für bare Münze zu nehmen. Kommunikation, die Königsdisziplin der Wassermänner, kann hier helfen; sie schätzen eine geradlinige Ansage.

Freundschaft bedeutet dem Wassermann viel: Seine Freund*innen sind oft so unterschiedlich, exzentrisch und breit gefächert in Alter, Kultur und Persönlichkeit, dass man kaum erkennt, was sie verbindet – oder welcher Typ ihn anzieht. Eines der Probleme, die sich aus der Wassermann-Neugier, seiner Freundlichkeit und seinem Interesse am anderen ergibt, ist, dass dies Erwartungen wecken kann. Jeder und jede, der und die seine Aufmerksamkeit genießt, könnte dies auch als romantische Absicht deuten. Es kann jedoch etwas länger dauern, um sich hierbei sicher zu sein!

Wer beim Wassermann landen will und sein Verhalten verwirrend findet, sollte wissen, dass ihn problematische Beziehungen ebenfalls verwirren, da er sich selbst natürlich als völlig geradlinig wahrnimmt. Wassermänner wollen von jemandem geliebt werden, der so unabhängig ist wie sie, aber immer parat steht. Aktives Vorgehen ist großartig, es sollte ebenso im Geist wie körperlich stattfinden. Unberechenbares Verhalten ist in Ordnung, solange es dann doch berechenbar ist, wenn es darauf ankommt. Finde eine gemeinsame Basis, aber bedränge den Wassermann nicht.

Gemeinsame Interessen sind immer ein guter Ausgangspunkt für eine Beziehung, insbesondere mit dem Wassermann. Tatsächlich kommen Partnerschaften mit ihm häufig über ein gemeinsames Projekt zustande, das ihn geistig stimuliert. Das ermöglicht es schüchterneren Wassermännern (ja, die gibt es!), Fuß zu fassen und darauf vertrauen zu lernen, dass ihre bedingungslose und unkonventionelle Art zu lieben nicht zurückgewiesen wird. Denn der Wassermann kann sich oft etwas unsicher fühlen und braucht seine Zeit, um sich zu binden. Wenn er sich jedoch erklärt, bleibt er meist dabei. Wassermänner sind großzügig, tolerant und bauen gern mit jemandem eine Zukunft auf, der ihren Geist wie ihren Körper inspiriert.

TIPPS FÜR DIE LIEBE ZUM WASSERMANN

★ Der Wassermann bietet bedingungslose Liebe, doch erwartet er umgekehrt meist das Gleiche.

★ Sei ehrlich und offen, was deine Gefühle angeht, und respektiere seine humanitären Werte.

★ Überrasche deinen Wassermann: Er liebt das Unerwartete.

Wassermänner und Sexualität

Erinnerst du dich an all die Wassermann-Attribute wie unberechenbar, experimentierfreudig und unkonventionell? All das trifft auch auf den Wassermann im Bett zu: Sex kann für ihn eine intensive, aufregende und leidenschaftliche Sache sein – und manchmal sogar ein bisschen pervers. Das Paradoxe dabei ist, dass Wassermänner auch sehr ernsthaft und überlegt vorgehen können, und obwohl sie selten zurückhaltend sind, sobald sie erst mal mit jemandem im Bett landen, kann es dauern, bis sie dorthin gelangen. Am sexuellen Stil des Wassermanns gibt es nichts unverhohlen Flirtendes. Tatsächlich beginnt der Sex bei Wassermännern oft im Kopf, da sie sich häufig zuerst intellektuell stimuliert fühlen und erst dann ihr Körper Feuer fängt.

One-Night-Stands sind für sie ungewöhnlich, da sie ihre*n Liebhaber*in erst geistig kennenlernen wollen. Das kann wie latente Zurückhaltung wirken, doch hat es meist mehr mit der Wassermann-Tendenz zu tun, sich auf diejenigen zu konzentrieren, die sie kennenlernen wollen. Trotz dieses ersten Anscheins sind Wassermänner keineswegs konventionelle Liebhaber. Sobald sie sich auf Sex einlassen, können sie überraschenderweise hocherotische Gespräche aus ihrem Repertoire zaubern und auch Rollenspiele, neue Positionen und ungewöhnliche Liebesorte vorschlagen.

Mehr

III.

Astro-wissen

Dein Sonnenzeichen zeigt dir nie das ganze Bild. In diesem Abschnitt erfährst du, wie du weitere Details deines Geburtshoroskops lesen kannst. Damit öffnest du astrologisch neue Fenster.

Dein Geburts- horoskop

Dein Geburtshoroskop ist ein Schnappschuss eines Moments an einem bestimmten Ort zum genauen Zeitpunkt deiner Geburt. Es gilt demnach nur für dich und ist völlig einzigartig. Es ist wie eine Blaupause, eine Landkarte oder eine Aussage über Begebenheiten, die mögliche Charakterzüge und Einflüsse abbilden – aber es ist nicht dein Schicksal. Dein Geburtshoroskop ist nur ein symbolisches Instrument, auf das du dich beziehen kannst, basierend auf den Planetenkonstellationen bei deiner Geburt. Wer keinen Astrologen aufsuchen mag, kann sich sein Geburtshoroskop in wenigen Minuten online erstellen lassen (siehe auch S. 108). Wenn du deine genaue Geburtszeit nicht kennst, reichen das Datum und der Geburtsort zum Erstellen einer ersten, groben Vorlage.

Denke daran, dass in der Astrologie nichts per se gut oder schlecht ist, wie es auch keine expliziten Zeitangaben oder Vorhersagen gibt: Es ist alles eher eine Frage der Einflüsse und wie sich diese positiv oder negativ auswirken könnten. Und wenn wir eine gewisse Einsicht haben und Instrumente, mit denen wir uns unseren Umständen und unserer Umgebung annähern, sie sehen oder interpretieren können, gibt uns das etwas an die Hand, mit dem wir arbeiten können.

Wenn du dein Geburtshoroskop liest, hilft es, zunächst die Mittel der Astrologie zu betrachten, die dir zur Verfügung stehen. Dazu gehören nicht nur die zwölf Zeichen und das, was sie symbolisieren, sondern auch die zehn Planeten, mit denen die Astrologie arbeitet, und deren Eigenschaften sowie die zwölf Häuser und ihre Bedeutung. Einzeln sind diese Instrumente nur von flüchtigem Interesse, aber wenn man anfängt zu sehen, wie sie eventuell nebeneinanderstehen, wird das größere Ganze zugänglicher und man beginnt, Einsichten zu gewinnen, die nützlich sein können.

Allgemein steht jeder Planet für eine andere Energie. Die astrologischen Zeichen schlagen die Art und Weise vor, in denen sich diese Energien ausdrücken können, und die Häuser stellen Erfahrungsfelder dar, in denen dieser Ausdruck wirksam werden kann.

Als Nächstes kommen die Positionen der Zeichen an vier Schlüsselstellen ins Bild: der Aszendent und sein Gegenüber, der Deszendent; die Himmelsmitte (lat.: *Medium coeli*, kurz MC) und ihr Gegenüber, das *Imum coeli* (IC); dazu die Aspekte, die durch Gruppierungen von Zeichen und Planeten entstehen.

Jetzt kannst du sehen, wie hintergründig das Lesen eines Horoskops sein kann, wie unendlich in seiner Vielfalt und überaus individuell. Mit diesem Wissen und einem praktischen Verständnis für die Symbolik und die Einflüsse der Zeichen, Planeten und Häuser deines Profils kannst du beginnen, diese Instrumente als Hilfe bei Entscheidungen und anderen Lebensaspekten heranzuziehen.

Das Horoskop lesen

In deinem von Hand oder per Onlineprogramm angefertigten Geburtshoroskop siehst du einen Kreis, unterteilt in zwölf Segmente. An verschiedenen Punkten sind Informationen gebündelt. Sie geben die Position jedes Tierkreiszeichens an, in welchem Segment es steht und auf wie viel Grad. Unabhängig von den personenspezifisch relevanten Merkmalen ist jedes Horoskop nach dem gleichen Muster aufgebaut, wenn es um die Auslegung geht.

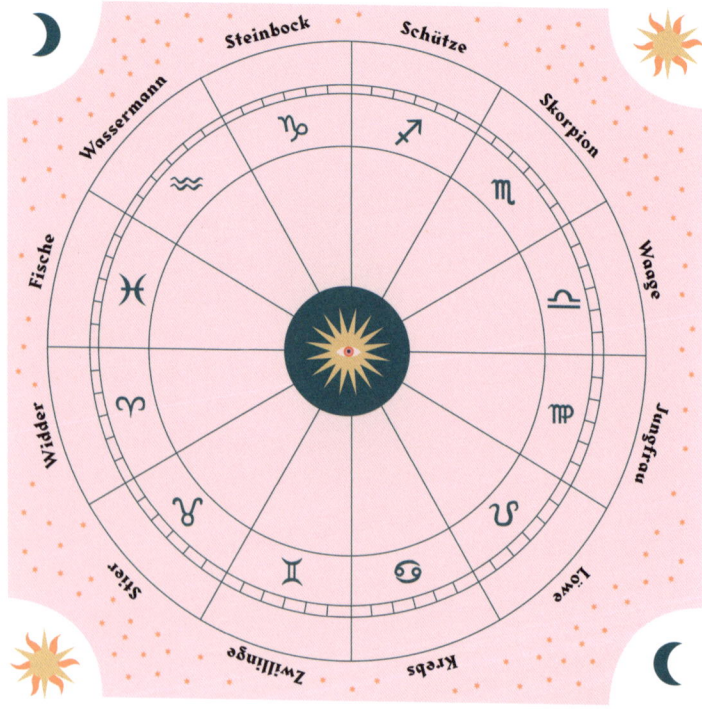

Auf Grundlage von Geburtszeit, Geburtsort und den Planetenkonstellationen zu diesem Zeitpunkt wird das Geburtshoroskop erstellt, auch Radixhoroskop genannt.

Wenn man sich das Horoskop als Ziffernblatt vorstellt, beginnt das erste Haus (siehe S. 95–99) an der 9. Von diesem Punkt aus wird das Horoskop gegen den Uhrzeigersinn durch alle zwölf Kreissegmente hindurch bis zum zwölften Haus gelesen.

Der Anfangspunkt, die 9, ist auch der Punkt, in dem die Sonne bei deiner Geburt aufging. Dies zeigt dir deinen Aszendenten, dein aufsteigendes Zeichen. Gegenüber, an der 3 des Ziffernblatts, liegt dein absteigendes Zeichen, der Deszendent. Deine Himmelsmitte, das MC, liegt auf der 12, ihr Gegenüber, das IC, auf der 6 (siehe S. 101–102).

Wenn wir die Bedeutung der Eigenschaften der astrologischen Zeichen und Planeten, ihre jeweiligen Energien und Positionen sowie die Aspekte zwischen ihnen verstehen, kann dies helfen, uns selbst und die Beziehung zu anderen zu begreifen. Auch im täglichen Leben hilft astrologisches Grundwissen, die wechselnden Planetenkonfigurationen und ihre Auswirkungen besser einzuordnen, genau wie die wiederkehrenden Muster, durch die Chancen und Möglichkeiten mal verringert und mal vermehrt werden können. Mit diesen Einflüssen zu leben und nicht gegen sie, kann das Leben leichter und letztlich auch erfüllter machen.

Der Mond-effekt

Wenn dein Sonnenzeichen dein Bewusstsein, deine Lebens-
kraft und deinen individuellen Willen symbolisiert, dann
steht der Mond für die Seite deiner Persönlichkeit, die du eher
geheim oder versteckt hältst. Er ist das Reich des Instinkts,
der Intuition, der Kreativität und des Unbewussten, das dich
emotional an neue, manchmal nur schwer zu verstehende
Orte führt. Dieser Effekt verleiht einer Person Feinheiten
und Nuancen, weit über ihr Sonnenzeichen hinaus. So magst
du deine Sonne im Wassermann haben, mit allem, was das
bedeutet, doch gleicht ihn vielleicht ein empathischer und
gefühlvoller Mond im Krebs aus. Oder du hast deine Sonne im
offenherzigen Löwen, aber den Mond im Wassermann, mit all
seiner rebellischen, emotionalen Distanziertheit.

Die Mondphasen

Der Mond kreist in rund 28 Tagen um die Erde. Wie viel wir von ihm sehen, hängt davon ab, wie viel Sonnenlicht er reflektiert. Dadurch scheint er zu- und abzunehmen. Bei Neumond beleuchtet die Sonne nur ein kleines Stück. Je mehr er zunimmt, desto mehr Licht reflektiert er. Er wird von der Sichel zum zunehmenden Sichelmond und zum ersten Viertel; dann zum zunehmenden Dreiviertelmond und zum Vollmond. Danach nimmt er ab, erst zum abnehmenden Dreiviertelmond, dann zum letzten Viertel. Der Zyklus beginnt erneut. All dies geschieht in einem Zeitraum von vier Wochen. In manchen Kalendermonaten gibt es sogar zwei Vollmonde – *Blue Moon* heißt der zweite im Englischen.

Der Mond bewegt sich jeden Monat auch durch ein neues Tierkreiszeichen, wie wir von unserem Geburtshoroskop wissen. Auch dies bringt uns Informationen: Ein Mond im Skorpion kann ganz anders wirken als ein Steinbock-Mond und je nach dem persönlichem Horoskop kann dies monatlich einen wechselnden Einfluss haben. Wenn in deinem Geburtshoroskop der Mond zum Beispiel in der Jungfrau steht, wird der tatsächliche Mond einen zusätzlichen Einfluss bringen, wenn er in die Jungfrau wandert. Weitere Informationen hierzu findest du auf den Seiten zu den Tierkreiszeichen (siehe S. 12–17).

Der Mondzyklus hat einen energetischen Effekt, den man gut an den Gezeiten erkennen kann. Da der Mond ein Fruchtbarkeitssymbol ist und für unsere tiefere, psychologische Seite steht, können wir dies aus astrologischer Sicht nutzen, um uns eingehender und kreativer auf die Lebensaspekte zu konzentrieren, die uns wichtig sind.

Eklipsen

Allgemein gesagt verschleiert eine Eklipse (Finsternis) Situationen und verhindert, dass Licht auf sie fällt. Astrologisch gesehen ist hierbei wichtig, wo Sonne oder Mond zum Zeitpunkt der Eklipse im Verhältnis zu anderen Planeten stehen. So wird eine Sonnenfinsternis in den Zwillingen einen Zwillinge-Einfluss mit sich bringen oder Zwillinge beeinflussen.

Wenn ein Lebensbereich versteckt oder ins Licht gerückt wird, ist dies eine Einladung, ihm Aufmerksamkeit zu schenken. Bei Eklipsen geht es im Allgemeinen um den Anfang oder das Ende einer Sache. Früher hielt man sie für Omen, wichtige Zeichen, die man beachten musste. Da man Eklipsen berechnen kann, werden sie astronomisch kartiert. Ihre astrologische Bedeutung kann somit im Voraus eingeschätzt werden und man kann deshalb auch im Voraus darauf reagieren.

Die zehn Planeten

In der Astrologie sprechen wir von zehn Planeten (allerdings nicht in der Astronomie, da die Sonne eigentlich ein Stern ist). Jedem Sternzeichen ist ein Herrscherplanet zugeordnet; Merkur, Venus und Mars regieren je zwei Zeichen. Die Eigenschaften der Planeten beschreiben diejenigen Einflüsse, die auf die Zeichen wirken können. Die Gesamtheit dieses Wissens fließt in die Auslegung eines Geburtshoroskops ein.

Mond

Dieses Zeichen formt ein Gegenprinzip
zur Sonne und bildet ein Paar mit ihr.
Er verkörpert das Weibliche und steht
für Geborgenheit und Empfänglichkeit
und dafür, wie wir instinktiv und
gefühlsmäßig reagieren.

Herrscher von Krebs

Sonne

Verkörpert das Männliche. Sie gilt
als lebensentfachende Energie,
was auf eine väterliche Energie
im Geburtshoroskop hindeutet.
Die Sonne symbolisiert unser
Selbst oder unseren Wesenskern
und unsere Bestimmung.

Herrscher von Löwe

Merkur

Der Planet der Kommunikation.
Symbolisiert den Drang, die
Gedanken durch Worte zu ver-
stehen und mitzuteilen.

Herrscher von Zwillinge und Jungfrau

Venus

Der Planet der Liebe. Hier geht es um Anziehung, Verbundenheit und Lust. Im Horoskop einer Frau symbolisiert er ihren weiblichen Stil, im Horoskop eines Mannes seine*n ideale*n Partner*in.

Herrscher von Stier und Waage

Mars

Dieser Planet symbolisiert Energie pur (Mars ist der Gott des Krieges), zeigt aber auch, in welchen Bereichen wir am ehesten durchsetzungsfähig, aggressiv oder risikobereit sind.

Herrscher von Widder und Skorpion

Saturn

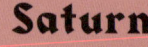

Wird manchmal der weise Lehrer oder
Lehrmeister der Astrologie genannt.
Er symbolisiert gelernte Lektionen und
Grenzen und zeigt uns den Wert
von Entschlossenheit, Zähigkeit
und Widerstandsfähigkeit.

Herrscher von Steinbock

Jupiter

Der größte Planet unseres Sonnen-
systems. Symbolisiert Freigebigkeit
und Wohltätigkeit, alles, was expansiv
und heiter ist. Wie bei dem Zeichen,
über das er herrscht, geht es auch darum, sich auf Reisen und Erkundungen
von zu Hause wegzubewegen.

Herrscher von Schütze

Uranus

Symbolisiert das Unerwartete, neue
Ideen und Innovation; den Drang,
das Alte niederzureißen und das
Neue einzuführen. Der Nachteil kann
eine Unfähigkeit sein, sich einzu-
fügen, und somit das Gefühl,
ein Außenseiter zu sein.

Herrscher von Wassermann

Pluto

Dem Hades (lat.: *Pluto*), Gott der
Unterwelt oder Toten, zugeordnet,
übt dieser Planet eine mächtige Kraft
aus, die unter der Oberfläche liegt und
die in ihrer negativsten Ausprägung
für Obsessionen und zwanghaftes
Verhalten stehen kann.

Herrscher von Skorpion

Neptun

Mit dem Meer verbunden, steht er
für die unterhalb liegenden Dinge,
unter Wasser und zu tief, um klar er-
kannt zu werden. Sensibel, intuitiv
und künstlerisch, symbolisiert er die
Fähigkeit, bedingungslos zu lieben,
zu verzeihen und zu vergessen.

Herrscher von Fische

Die vier Elemente

Die Unterteilung der zwölf Sternzeichen in die Elemente Erde, Feuer, Luft und Wasser liefert noch weitere Eigenschaften. Sie wurzelt in der altgriechischen Medizin, die lehrte, dass der Körper aus vier Körperflüssigkeiten oder „-säften" bestand: Blut, gelbe und schwarze Gallenflüssigkeit sowie Schleim. Sie entsprachen den vier Temperamenten sanguinisch, melancholisch, cholerisch und phlegmatisch, den vier Jahreszeiten Frühling, Sommer, Herbst und Winter und den vier Elementen Luft, Feuer, Erde und Wasser.

In der Astrologie beschreiben diese symbolischen Eigenschaften weitere Aspekte der unterschiedlichen Zeichen. C. G. Jung verwendete sie in seiner Psychologie und noch heute bezeichnen wir Menschen in ihrer Lebenseinstellung zum Beispiel als feurig oder luftig oder sagen, sie seien „in ihrem Element". In der Astrologie heißt es, dass Sonnenzeichen des gleichen Elements eine Affinität oder ein Verständnis füreinander haben.

Wie immer in der Astrologie gibt es hierbei Positives und Negatives. Das Wissen um eine „Schattenseite" kann in Bezug auf die Selbsterkenntnis hilfreich sein und auf das, was man vielleicht verbessern oder ausgleichen sollte, besonders im Umgang mit anderen.

Luft

Diese Zeichen glänzen im Reich der Ideen. Scharfsinnig und visionär, dabei in der Lage, das große Ganze zu sehen, haben Luftzeichen eine reflektierende Qualität, die Situationen entspannen kann. Zu viel Luft kann Absichten zerstreuen, was Zwillinge unentschlossen machen, die Waage zum Zaudern bringen und den Wassermann teilnahmslos erscheinen lassen kann.

Feuer

WIDDER ✶ LÖWE ✶
SCHÜTZE

Diese Zeichen umgibt Wärme und Energie, eine positive Herangehensweise, Spontaneität und Enthusiasmus, die andere sehr inspirieren und motivieren kann. Nachteilig kann sein, dass der Widder sich gern kopfüber in Sachen stürzt, der Löwe viel Aufmerksamkeit braucht und der Schütze viel redet, aber nichts liefert.

Erde

STIER ✳ JUNGFRAU ✳
STEINBOCK

Typischerweise genießen
Erdzeichen sinnliche Freuden,
Essen und andere körperliche
Befriedigungen. Sie fühlen
sich gern geerdet und lassen
Taten für ihre Ideen sprechen.
Der Nachteil ist, dass Stier-
Geborene dickköpfig sein
können, Jungfrauen pingelig
und Steinböcke verbissen
konservativ.

Wasser

KREBS ✳ SKORPION ✳
FISCHE

Wasserzeichen sind sehr
reaktionsfreudig, wie die
Gezeiten mit Ebbe und Flut,
dazu aufmerksam und intuitiv – manchmal sogar über die
Maßen, wegen ihrer besonderen Fähigkeit zu fühlen. Der
Nachteil ist eine Tendenz, sich
überfordert zu fühlen. Dies
kann den Krebs so hartnäckig
wie selbstschützend werden
lassen, Fische wechselhaft in
ihrer Aufmerksamkeit und
den Skorpion unberechenbar
und intensiv.

Kardinale, fixe und veränderliche Zeichen

Zusätzlich zur Unterteilung in die vier Elemente sind die Sternzeichen auch noch auf drei andere Arten gruppiert, die verdeutlichen, wie ihre Energien agieren oder reagieren können. Dies verleiht ihren besonderen Eigenschaften weitere Tiefe.

Kardinal

WIDDER ✶ KREBS ✶ WAAGE ✶ STEINBOCK

Kardinalzeichen sind aktive Zeichen mit der Energie, die Initiative zu ergreifen und Dinge in Gang zu setzen. Der Widder hat die Vision, der Krebs die Gefühle, die Waage die Kontakte und der Steinbock die Strategie.

Fix

STIER ✳ LÖWE ✳ SKORPION ✳ WASSERMANN

Langsamer, aber entschlossener arbeiten diese Zeichen, um voranzukommen; sie halten das am Laufen, was die kardinalen Zeichen initiiert haben. Der Stier bietet körperlichen Komfort, der Löwe Loyalität, der Skorpion emotionale Unterstützung und der Wassermann guten Rat. Auf fixe Zeichen ist Verlass, doch haben sie die Tendenz, sich gegen Veränderungen zu wehren.

Veränderlich

ZWILLINGE ✳ JUNGFRAU ✳ SCHÜTZE ✳ FISCHE

Anpassungsfähig und neuen Ideen, Orten und Menschen gegenüber aufgeschlossen, können sich veränderliche Zeichen leicht auf ihre Umgebung einstellen. Zwillinge sind geistig beweglich, die Jungfrau praktisch und vielseitig. Der Schütze visualisiert Möglichkeiten und die Fische sind empfänglich für Wandel.

Die zwölf Häuser

Das Geburtshoroskop ist in zwöf Häuser unterteilt, die für unterschiedliche Lebensbereiche und -funktionen stehen. Wenn man dir sagt, dass du ein Zeichen in einem bestimmten Haus hast – zum Beispiel die Waage (Gleichgewicht) im fünften Haus (Kreativität und Sexualität) –, kannst du diese Einflüsse interpretieren im Hinblick auf ganz spezifische Hinweise dafür, wie du einen Aspekt deines Lebens angehen könntest.

Jedes Haus ist mit einem Sonnenzeichen, seinem „natürlichen Herrscher", verknüpft und wird so durch Eigenschaften dieses Zeichens repräsentiert.

Drei der Häuser gelten als mystisch und beziehen sich auf unsere innere, übersinnliche Welt: das vierte (Zuhause), das achte (Tod und Wiedergeburt) und das zwölfte (Geheimnisse).

1. Haus

DAS SELBST

BEHERRSCHT VON WIDDER

Haus deiner Persönlichkeit: dein Selbst, wer du bist und wie du dich darstellst, deine Vorlieben, Abneigungen und Lebenseinstellungen. Es beschreibt auch, wie du dich selbst siehst und was dein Ziel im Leben ist.

2. Haus

BESITZ

BEHERRSCHT VON STIER

Haus deiner Besitztümer. Es zeigt, was dir gehört, einschließlich Geld, wie du dein Einkommen verdienst; deine materielle Sicherheit und die reellen Dinge, die dich auf deinem Lebensweg begleiten.

3. Haus

KOMMUNIKATION

BEHERRSCHT VON ZWILLINGE

In diesem Haus geht es um Kommunikation und Geisteshaltung, vor allem darum, wie du dich ausdrückst. Es beschreibt auch deine Beziehung zu deiner Familie, deinen Weg in der Schule oder im Beruf und wie du denkst, sprichst, schreibst und lernst.

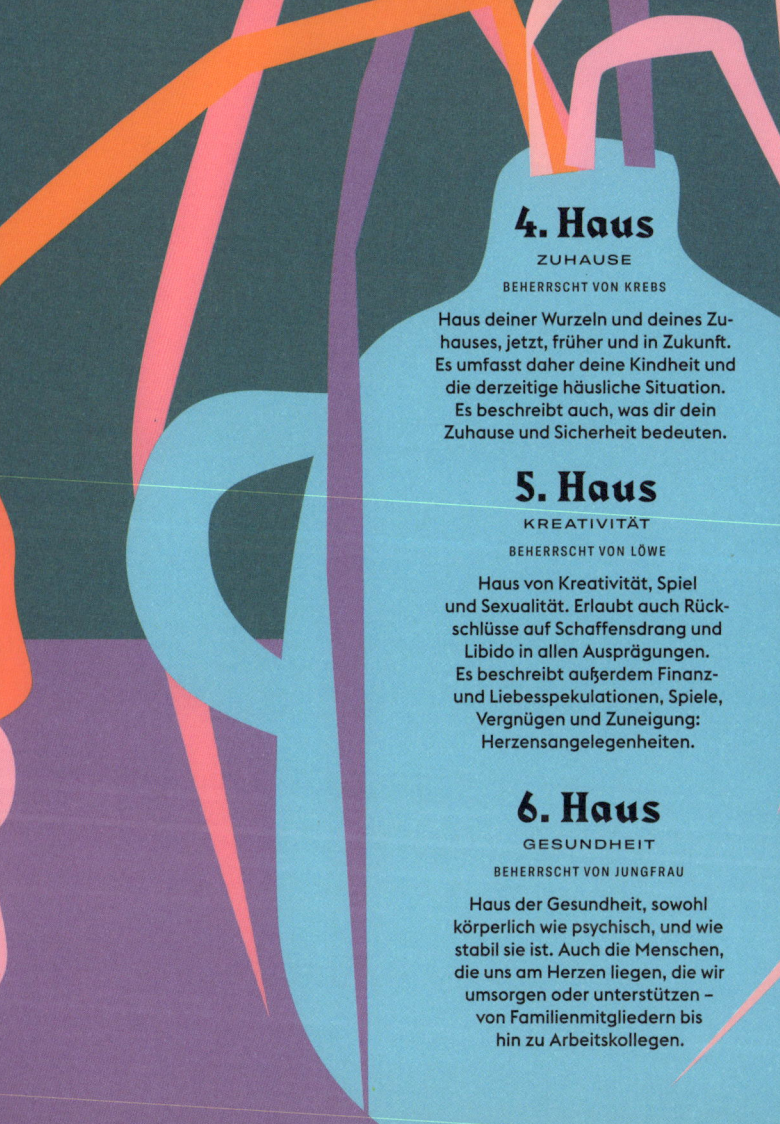

4. Haus

ZUHAUSE

BEHERRSCHT VON KREBS

Haus deiner Wurzeln und deines Zu-
hauses, jetzt, früher und in Zukunft.
Es umfasst daher deine Kindheit und
die derzeitige häusliche Situation.
Es beschreibt auch, was dir dein
Zuhause und Sicherheit bedeuten.

5. Haus

KREATIVITÄT

BEHERRSCHT VON LÖWE

Haus von Kreativität, Spiel
und Sexualität. Erlaubt auch Rück-
schlüsse auf Schaffensdrang und
Libido in allen Ausprägungen.
Es beschreibt außerdem Finanz-
und Liebesspekulationen, Spiele,
Vergnügen und Zuneigung:
Herzensangelegenheiten.

6. Haus

GESUNDHEIT

BEHERRSCHT VON JUNGFRAU

Haus der Gesundheit, sowohl
körperlich wie psychisch, und wie
stabil sie ist. Auch die Menschen,
die uns am Herzen liegen, die wir
umsorgen oder unterstützen –
von Familienmitgliedern bis
hin zu Arbeitskollegen.

7. Haus

PARTNERSCHAFT

BEHERRSCHT VON WAAGE

Der Gegenpol des ersten Hauses. Es spiegelt gemeinsame Ziele und enge Partnerschaften, unsere Wahl des*der Lebenspartner*in und wie erfolgreich unsere Beziehungen sein können. Es beschreibt auch Partnerschaften und Feindschaften im Berufsleben.

8. Haus

WIEDERGEBURT

BEHERRSCHT VON SKORPION

Das Haus steht für den Tod als Wiedergeburt oder spirituelle Transformation. Beschreibt auch Vermächtnisse und das, was du an Persönlichkeitsmerkmalen oder materiell erben wirst. Und da Wiedergeburt Sex braucht, geht es in diesem Haus auch um Sex und sexuelle Gefühle.

9. Haus

REISEN

BEHERRSCHT VON SCHÜTZE

Haus der Fernreisen und Entdeckungsfahrten; es geht auch um die Erweiterung des Horizonts, den das Reisen bringen kann, und wie sich dies ausdrückt. Beschreibt das Verbreiten von Ideen, zum Beispiel in literarischen Werken oder Veröffentlichungen.

11. Haus

FREUNDSCHAFTEN

BEHERRSCHT VON WASSERMANN

Haus der Freundesgruppen und Bekannten, Visionen und Ideen. Es geht weniger um unmittelbare Befriedigung, sondern um langfristige Träume und wie diese durch unsere Fähigkeit, harmonisch mit anderen zusammenzuarbeiten, erreicht werden können.

12. Haus

GEHEIMNISSE

BEHERRSCHT VON FISCHE

Gilt als spirituellstes Haus. Das Haus des Unbewussten, der Geheimnisse und dessen, was verborgen ist; die „Leiche im Keller". Spiegelt auch die geheimen Wege, auf denen wir uns selbst sabotieren oder unsere Kräfte kleinhalten, indem wir sie nicht ausschöpfen.

10. Haus

BERUFUNG

BEHERRSCHT VON STEINBOCK

Repräsentiert das, wonach wir streben, und unseren Satus; wie wir öffentlich angesehen sein wollen (oder nicht), unsere Ambitionen, unser Image und was wir im Leben aus eigener Kraft erreichen wollen.

Der Aszendent

Der Aszendent, auch als aufsteigendes Zeichen bekannt, ist das Tierkreiszeichen, das am Tag deiner Geburt am östlichen Horizont erschien, je nachdem, an welchem Ort und zu welcher Zeit dies passierte. Er liefert Informationen über die Aspekte deines Charakters, die sich mehr nach außen hin offenbaren, wie du dich präsentierst und von anderen gesehen wirst.

Die Geburtszeit zu kennen, ist somit ein nützlicher Faktor in der Astrologie. Selbst wenn dein Sonnenzeichen Wassermann ist, kannst du also mit aufsteigendem Krebs mütterlich wirken und dich auf die eine oder andere Weise spürbar für das häusliche Leben engagieren.

Dein Aszendent – oder der anderer Personen – hilft oft auch zu erklären, warum die eigene Persönlichkeit so wenig mit dem Sonnenzeichen zusammenzupassen scheint.

Wenn du deine Geburtszeit und deinen Geburtsort weißt, kannst du deinen Aszendenten problemlos online oder in einer App ausrechnen lassen (siehe S. 108). Frage einfach deine Mutter oder andere Familienmitglieder danach. Manchmal steht die Geburtszeit auch in der Geburtsurkunde. Wenn du dir das Horoskop als Ziffernblatt vorstellst, ist der Aszendent auf der Neun-Uhr-Position zu sehen.

Der Deszendent

Der Deszendent weist auf einen möglichen Lebenspartner hin, basierend auf der Vorstellung, dass Gegensätze sich anziehen. Wenn du deinen Aszendenten kennst, ist der Deszendent leicht zu berechnen, da er genau sechs Zeichen entfernt ist: Bei einem Jungfrau-Aszendenten wäre der Deszendent also Fische. Wenn du dir das Horoskop als Ziffernblatt vorstellst, ist der Deszendent auf der Drei-Uhr-Position zu sehen.

Die Himmelsmitte (MC)

Auf deinem Geburtshoroskop ist auch die Himmelsmitte eingezeichnet (MC, von lat.: *Medium coeli*). Sie weist auf deine Einstellung zu Arbeit, Beruf und beruflichem Ansehen hin. Wenn du dir das Horoskop als Ziffernblatt vorstellst, ist das MC auf der Zwölf-Uhr-Position eingezeichnet.

Die Himmelstiefe (IC)

Dann gibt es noch das IC in deinem Horoskop (von lat.: *Imum coeli*, „Himmelstiefe"). Es weist auf deine Haltung gegenüber deinem Zuhause und deiner Familie hin und hat auch einen Bezug zum Ende deines Lebens. Das IC ist sechs Zeichen vom MC entfernt. Wenn dein MC Wassermann ist, ist dein IC Löwe. Wenn du dir das Horoskop als Ziffernblatt vorstellst, ist das IC auf der Sechs-Uhr-Position eingezeichnet.

Rückläufiger Saturn

Saturn ist einer der langsamsten Planeten: Er braucht 28 Jahre, um einmal um die Sonne zu kreisen und an den Punkt zurückzukehren, an dem er zum Zeitpunkt deiner Geburt stand. Diese Rückkehr kann sich über zwei bis drei Jahre erstrecken und macht sich oft in den Zeiten um deinen 30. und 60. Geburtstag stark bemerkbar, die oft als bedeutende „Meilensteine" gelten.

Da die Saturnenergie bisweilen als anstrengend empfunden wird, sind das nicht immer leichte Lebensabschnitte. Saturn gilt als weiser Lehrer oder harter Lehrmeister: Der Saturneffekt wird oft als „zum Glück zwingen" empfunden – so wie viele gute Lehrer argumentieren. Er hält uns wie ein strenger Personal Coach auf der Spur.

Die Saturnrückkehren erlebt jeder Mensch individuell. Sie sind immer eine gute Zeit, Bilanz zu ziehen, Dinge im Leben loszulassen, die einem nicht mehr nutzen, die Erwartungen zu revidieren und ohne Ausreden das im Leben aufzunehmen, von dem man gern mehr hätte. Wenn du also dieses Lebensereignis gerade erlebst oder erwartest, solltest du es begrüßen und damit arbeiten. Denn was du jetzt lernst – vor allem über dich selbst –, ist wissenswert, so turbulent es auch sein mag. Es kann sich für die nächsten 28 Jahre lohnen!

Rückläufiger Merkur

Selbst Menschen mit wenig Interesse an Astrologie bemerken es oft, wenn der Planet Merkur rückläufig ist. Als „Rückläufigkeit" bezeichnet man Zeiten, in denen Planeten wie der Merkur stationär sind, aber sich in die Gegenrichtung zu bewegen scheinen, weil die Erde sich weiterdreht. Vorher und nachher kommt es zu einer „Schattenperiode", die auch etwas turbulent sein kann. Der Planet scheint dabei erst langsamer und dann wieder schneller zu werden. Generell ist es ratsam, während der Rückläufigkeit keine wichtigen Schritte in Bezug auf Kommunikation zu unternehmen. Und wenn doch, sollte man im Kopf haben, dass sie sich später wieder ändern können.

Da Merkur der Planet der Kommunikation ist, zeigt sich schnell, warum seine Rückläufigkeit und ihre Verbindung mit Kommunikationsfehlern problematisch ist: zum Beispiel auf altmodische Weise, wenn ein Brief in der Post verloren geht, oder moderner, wenn der Computer abstürzt.

Ein rückläufiger Merkur kann auch das Reisen beeinträchtigen und es gibt Flug- oder Zugverspätungen, Staus oder Unfälle.

Dazu beeinflusst er die persönliche Kommunikation: Hören, Sprechen, (Nicht-)Gehört-Werden. Dies kann Durcheinander oder Streit verursachen. Er kann sich auch auf formellere Vereinbarungen wie Kaufverträge auswirken.

Merkur ist drei- bis viermal pro Jahr über etwa drei Wochen rückläufig, mit Schattenperioden vorher und nachher. Die Zeitrahmen seiner Rückläufigkeiten bedeuten auch, dass sie in einem bestimmen Sternzeichen passieren. Wenn er zum Beispiel zwischen 25. Oktober und 15. November rückläufig wäre, würde sein Effekt Skorpion-Eigenschaften haben. Auch Menschen mit Skorpion-Sonne oder einem starken Skorpion-Aspekt in ihrem Geburtshoroskop könnten stärker betroffen sein.

Die Termine, zu denen der Merkur rückläufig ist, findet man online, in astrologischen Tabellen oder Ephemeriden. Hier kann man sehen, ob man diese Zeiten für die Planung von Ereignissen meiden sollte, da sie potenziell betroffen sein könnten. Um festzustellen, wie der rückläufige Merkur dich persönlich angehen könnte, musst du dein Geburtshoroskop kennen und dessen spezifischere Kombinationen aus Zeichen- und Planeteneinflüssen.

Wenn du leichter durch einen rückläufigen Merkur kommen willst, sollte dir bewusst sein, dass Pannen passieren können. Rechne also mit Verzögerungen und überprüfe Details lieber doppelt. Bleibe angesichts von Verzögerungen positiv gestimmt und nimm solche Zeiten als Chance für Entschleunigung. Blicke zurück oder überdenke Ideen in Beruf oder Privatleben. Nutze die Zeit, um Fehler zu korrigieren oder Pläne umzugestalten, damit du vorbereitet bist, wenn sich die festgefahrene Energie erneut bewegt und du wieder fließender vorankommst.

Lesetipps

Die zwölf Archetypen:
Tierkreiszeichen und
Persönlichkeitsstruktur
(2011) von Brigitte
Hamann; erschienen
bei KnaurMensSana

Astrologie für Dummies
(2020) von Rae Orion;
erschienen bei Wiley-VCH
Verlag GmbH & Co. KGaA

Astrologie für den Alltag
(2021) von Carole Taylor;
erschienen bei DK Verlag
Dorling Kindersley

Das Astrologiebuch (2004)
von Michael Roscher;
erschienen im bei Chiron

Webseiten

astro.com

astrologyzone.com

jessicaadams.com

shelleyvonstrunkel.com

Apps

Astrostyle

Co-Star

Susan Miller's Astrology Zone

The Daily Horoscope

The Pattern

Time Passages

Danksagung

Mein besonderer Dank geht an mein treues
Stier-Team. Zuerst an Kate Pollard, Publishing
Director bei Hardie Grant: für ihre Leidenschaft für
schöne Bücher und für die Beauftragung dieser
Reihe. An Bex Fitzsimons für ihr gutlauniges,
gründliches Redigieren. Und schließlich an
Evi O. Studio, deren Illustrationen und Design
kleine Kunstwerke entstehen ließen. Mit einer sol-
chen „Sternenbesetzung" können diese Bücher
nur glänzen – dafür sage ich Danke!

Über die Autorin

Stella Andromeda arbeitet seit über
30 Jahren als Astrologin. Sie ist davon
überzeugt, dass die Kenntnis der Himmelskonstellationen und deren Potenzials
psychologischen Interpretationen ein
wertvolles Instrument bieten kann. Die Ver-
mittlung ihres Wissens in dieser Buchform
macht moderne Erkenntnisse über uralte
astrologische Weisheiten leicht zugänglich
und begeistert für Stella Andromedas
Haltung, dass Reflexion und Selbsterkenntnis uns im Leben nur stärker machen. Mit
ihrem Sonnenzeichen Stier, dem Aszendenten im Wassermann und einem Mond im
Krebs lässt sie sich auf ihrer astrologischen
Reise von Erde, Luft und Wasser inspirieren.

Text © Stella Andromeda
Illustrationen © Evi O. Studio

Für die deutsche Ausgabe:
Satz und Redaktion: bookwise GmbH
Übersetzung: Martina Walter
Gesamtherstellung: Leo Paper Products Ltd.

Aus Verantwortung für die Umwelt hat sich die Verlagsgruppe Droemer Knaur zu einer nachhaltigen Buchproduktion verpflichtet. Der bewusste Umgang mit unseren Ressourcen, der Schutz unseres Klimas und der Natur gehören zu unseren obersten Unternehmenszielen. Gemeinsam mit unseren Partnern und Lieferanten setzen wir uns für eine klimaneutrale Buchproduktion ein, die den Erwerb von Klimazertifikaten zur Kompensation des CO2-Ausstoßes einschließt. Weitere Informationen finden Sie unter: www.klimaneutralerverlag.de

FSC
www.fsc.org

MIX
Paper from
responsible sources
FSC™ C020056